Inhalt

Werbe-Pretest

Kernthesen

Beitrag

Fallbeispiele

Weiterführende Literatur

Impressum

GENIOS WirtschaftsWissen Nr. 11/2003 vom 24.11.2003

Werbe-Pretest

E.Krug

Kernthesen

- Auf Grund der zurzeit spürbaren Cuts bei den Werbebudgets wird heute mehr denn je mit der Marktforschung die Werbeffizienz kontrolliert. (1), (2)
- Speziell die Nachfrage nach Werbe-Pretests hat deutlich zugenommen und zeigt zudem eine weiter steigende Tendenz. (1), (3)
- Der Werbe-Pretest gilt teilweise in der Branche als Kreativitätskiller und ist deshalb häufig Gegenstand kontroverser Diskussionen. (3)

Beitrag

Obwohl definitiv bei nicht allen Werbekampagnen

der Branche, die erfolgreich verlaufen, im Vorfeld die Marktforschung am Werk war, so sind das allerdings zurzeit doch eher die berühmten Ausnahmen, die die Regel bestätigen. In der Regel werden nämlich momentan Werbe-Pretests, sprich die Prüfung einer Kampagne vor ihrem Start, als wirklich notwendig erachtet. Nicht zuletzt deshalb, weil gerade in Zeiten wirtschaftlicher Engpässe und Budgetkürzungen die möglichen Mittel so effektiv wie möglich eingesetzt werden müssen. Da ist man auch schon mal vorsichtiger und riskiert es vielleicht, die Kreativität etwas einzudämmen. Ein Vorwurf, der in der Branche zu häufigen Diskussionen führt. Tatsache allerdings ist, dass die Nachfrage nach Werbe-Pretests in letzter Zeit deutlich gestiegen ist. [(1)](), [(3)](), [(4)](), [(5)]()

Der Werbe-Pretest als aktuelles Forschungsinstrument

Besonders sinnvoll erweist sich die Durchführung von Pretests im Rahmen einer Gesamtanalyse der Werbewirkung einer Kampagne oder eines Spots. Ganz zu schweigen, dass man bei der Durchführung einer Erfolgskontrolle nie außer Acht lassen sollte, dass die Werbung nicht der einzige Faktor ist, der zur Kaufentscheidung führt, sondern der gesamte Marketing-Mix auf den Konsumenten einwirkt.

Könnten alle Faktoren bei dem Controlling berücksichtigt werden, wäre das natürlich der Idealfall. Der Idealfall allerdings ist meist viel zu teuer und im Endeffekt entscheidet man sich für den Werbe-Pretest, der, wenn er richtig eingesetzt wird, positiv zu einer Verbesserung und Effizienzsteigerung der Werbespots beitragen kann. (1), (2), (3), (4) Unumgänglich dabei ist eine gute Zusammenarbeit zwischen Agentur, Auftraggeber und Institut, was nicht automatisch gewährleistet ist. Außerdem ist es sehr wichtig und trägt zur Validität der Pretests bei, dass diese sehr häufig von anderen Forschungsinstrumenten überprüfend begleitet werden. Ebenso sollte beachtet werden, dass das Vorab-Testing so früh, wie möglich, zum Bestandteil des eigentlichen Entstehungsprozesses wird. Zu spät durchgeführte Pretests können schnell zur Farce werden, da z.B. Veränderungen an bereits fertigen Spots viel zu teuer sind. (1), (3)
Die relativ kleine Probanden-Stichprobe, auf der die Werbe-Pretests basieren, reicht in der Regel aus, um kommunikative Fehler oder Verbesserungsmöglichkeiten für einen Spot aufzuzeigen. Für hochgerechnete Aussagen über z.B. die Steigerung des Umsatzes erweist sich der Pretest allerdings als nicht repräsentativ genug. (3)

Diskussion über den Werbe-Pretest als Kreativitätskiller

Der eigentliche Nachteil, den man dem Werbe-Pretest nachsagt, ist, dass er sich als Kreativitätskiller erweise. Bei vielen Pretest-Verfahren würden angeblich meist die konservativen Alternativen bestehen, das heißt, dass schon bekannte und bewährte Ideen, Bilder, etc., immer Neuem vorgezogen würden. Im Endeffekt kommt es sogar zu dem Vorwurf, dass Werbe-Pretests zu einer Homogenisierung der Werbung beitragen würden. Befürworter der Pretests dagegen vertreten die Meinung, dass ein kreativer Spot, der zwar möglicherweise nicht gefällt aber dafür umso mehr Aufmerksamkeit erregt, durchaus gute Chancen hat. Das liegt nicht zuletzt daran, dass die unterschiedlichsten Dimensionen, wie Kernaussagen, Attention, Branding etc. überprüft werden. Es muss im Forschungsverfahren berücksichtigt werden, ob es sich um innovative Ideen handelt. Hier sind besonders die qualitativen Verfahren von Vorteil. Ob ein Spot oder eine Kampagne dem Probanden gefällt, spielt nicht die größte Rolle im gesamten Testverlauf. War es früher üblich, dass Pretests nur Informationen über Akzeptanz und Recall-Werten geliefert haben, so ist heute ein wirklich tiefgründiger und detailorientierter Forschungsansatz unbedingt erforderlich. Ein Testverfahren, welches den heutigen Ansprüchen genügt, lässt durchaus Kreativität und Innovation bestehen. (1), (3), (4)

Der Pretest als Sicherheitsfaktor

Der Vorteil von einem Werbe-Pretest liegt auf der Hand, er ist relativ schnell und kostengünstig (20000 bis 30000 Euro pro Test, Fallzahlen von 100 bis 150 Testpersonen sind die Regel).
Gerade in wirtschaftlich angespannten Zeiten kann man sich kaum Werbe-Flops erlauben. Das Budget ist stark eingeschränkt und die Werbung, für die die Mittel ausgegeben werden, muss effizient sein. Ein Pretest reduziert das Risiko auf einem finanziell erträglichen Niveau. Selbst kleinere Unternehmen nutzen diese Art einer Vorab-Kontrolle immer mehr. Allerdings sollte das Testergebnis nicht allein tonangebend im Entscheidungsprozess sein, sondern vielmehr eine wichtige Basis für weitere Maßnahmen bilden.
Besonders hilfreich erweisen sich Pretests bei internationalen Werbekampagnen. Durch die Testings vorab können länderspezifische Eigenheiten erkannt und somit Fauxpas vermieden werden. Erfolgskontrollen im Nachhinein können dagegen nicht mehr allzu viel ändern, da das Kind dann

bereits in den Brunnen gefallen ist. (1), (3), (5)

Fallbeispiele

Beispiele für Werbe-Pretests

UnileverSeit ca. fünf Jahren ist der Werbe-Pretest bei Unilever ein fester Bestandteil im Marketing und somit zur Routine geworden.
Häufig sind, so zeigt die Erfahrung, die Spots sehr ästhetisch gemacht, die Markenbotschaft allerdings wird nicht optimal vermittelt. Nach Durchführung der Tests wird dann beispielsweise ein Logo anschaulicher platziert.
Interessant ist, dass die Korrelation zwischen Abverkauf und Testergebnis relativ hoch ist. Bei 95 von 100 Pretests decken sich die Ergebnisse mit den Messungen späterer Erfolgskontrollen. (1)

Anzeigen für die Gemeinsame-Sparkassenwerbung 2004
Mit neuem Layout versucht die Sparkassen-Finanzgruppe die Übersichtlichkeit, den Lesefluss und die Markenwahrnehmung der Jahreswerbung und

Außenkennzeichnung 2004 zu verbessern.
Im Rahmen eines Pretests wurden 100 Testpersonen befragt.
Ergebnis: Test bestanden, da die Testpersonen das neue Layout neuartig, modern und dynamisch befunden haben. (7)

Werbung im Internet
Auch im Internet gehört ein umfassendes Werbemanagement zum Pflichtprogramm, um die Effizienz der Werbung im Einzelfall zu gewährleisten. Insbesondere der Pretest von Markenhomepages, sowie eine fortlaufende Wirkungskontrolle sind hier gefragt. (8)

Plakat-Pretests von Poster Scope und Jost von Brandis (JvB)
Bisher vernachlässigt, bieten jetzt auch im Bereich der Außenwerbung Institute den Werbe-Pretest an Sowohl Poster Scope, als auch JvB überprüfen die Kommunikationsleistung von Plakaten. Von der Fragestellung her sind sie identisch unterscheiden sich allerdings in der Methodik.
Poster Scope greift in Zusammenarbeit mit dem Marktforschungsinstitut Forsa auf das Forsa-Omninet-Panel zurück, welches 7000 Haushalte mit 14000 Personen ab 14 Jahren umfasst. Davon werden je nach Zielgruppe jeweils 200 Probanden befragt. Für einen Pretest eine relativ große Anzahl von

Testpersonen. Der Test erfolgt allein zu Hause am Fernseher, dadurch entfällt die Zurückhaltung bei kritischen Bemerkungen, was sicherlich vorteilhaft ist.
JvB arbeitet mit dem Kölner Forschungsinstitut ABH zusammen. Hier werden ebenfalls 200 Testpersonen, allerdings face-to-face, in Fußgängerzonen oder Einkaufszentren befragt. (5)

Beispiele für erfolgreiche Commercials, die keinen Werbe-Pretest durchlaufen haben

Nike (Wieden + Kennedy)Red Bull (Kastner & Partner)
Sixt (Jung von Matt)
Die Werbespots dieser Marken haben in den vergangenen Jahren nicht nur beim Konsumenten viel Aufmerksamkeit erregt, sondern haben auch beim ADC-Wettbewerb und in Cannes regelmäßig ihre Trophäen bekommen. (1)

Weiterführende Literatur

(1) Werbung im Versuchslabor

aus werben & verkaufen Nr. 37 vom 12.09.2003 Seite 030

(2) Effektivität kommt vor der Effizienz
aus HORIZONT 42 vom 16.10.2003 Seite 020

(3) "Ein Test erhöht die Chance für einen guten Spot signifikant"
aus werben & verkaufen Nr. 37 vom 12.09.2003 Seite 033

(4) Suche nach der Erfolgsformel
aus HORIZONT 40 vom 02.10.2003 Seite 017

(5) Messen, was wirkt
aus werben & verkaufen Nr. 38 vom 19.09.2003 Seite 210

(6) Licht am Konjunkturhimmel wird heller
aus HORIZONT 44 vom 30.10.2003 Seite 028

(7) Jahreswerbung und Außenkennzeichnung 2004: Layout-Veränderungen verbessern Übersichtlichkeit, Lesefluss und Markenwahrnehmung Neues Layout: Neuartig, modern und dynamisch
aus Die SparkassenZeitung, 26.09.2003, Nr. 39, S. 19

(8) Bauer, Hans H. / Mäder, Ralf / Fischer, Christian, Determinanten der Wirkung von Online-Markenkommunikation, MARKETING Zeitschrift für Forschung und Praxis, Heft 4, 2003, S. 227-241
aus Die SparkassenZeitung, 26.09.2003, Nr. 39, S. 19

Impressum

Werbe-Pretest

Bibliografische Information der deutschen Nationalbibliothek

Die Deutsche Nationalbibliothek verzeichnet diese Publikation in der deutschen Nationalbibliografie; detaillierte bibliografische Daten sind im Internet über http://dnb.d-nb.de abrufbar.

ISBN: 978-3-7379-0696-8

© 2015 GBI-Genios Deutsche Wirtschaftsdatenbank GmbH, Freischützstraße 96, 81927 München, www.genios.de

Alle Rechte vorbehalten. Dieses Werk ist einschließlich aller seiner Teile – z.B. Texte, Tabellen und Grafiken - urheberrechtlich geschützt. Jede Verwertung außerhalb der Grenzen des Urheberrechtsgesetzes bedarf der vorherigen Zustimmung des Verlags. Dies gilt insbesondere auch für auszugsweise Nachdrucke, fotomechanische Vervielfältigungen (Fotokopie/Mikroskopie), Übersetzungen, Auswertungen durch Datenbanken oder ähnliche Einrichtungen und die Einspeicherung und Verarbeitung in elektronischen Systemen.